DVD付

バスケットボール 個人技とセオリープレー

監修 片峯聡太
福岡大学附属大濠高等学校
バスケットボール部監督

成美堂出版

本書の特長

「ディフェンスにドライブコースをふさがれたときは?」「タイトなディナイを振り切ってパスを受けるには?」など、本書ではできるだけ細かくシーンを設定し、そこでおこなうべきセオリープレーを紹介している。もちろん、これが唯一の正解ではないが、知っておくことで間違いのない選択肢を持ちながらプレーできるので、冷静に相手と向き合うことができる。

特長1 1対1の仕掛けやパスの受け方、ディフェンスのつき方など状況別のセオリープレーがわかる!

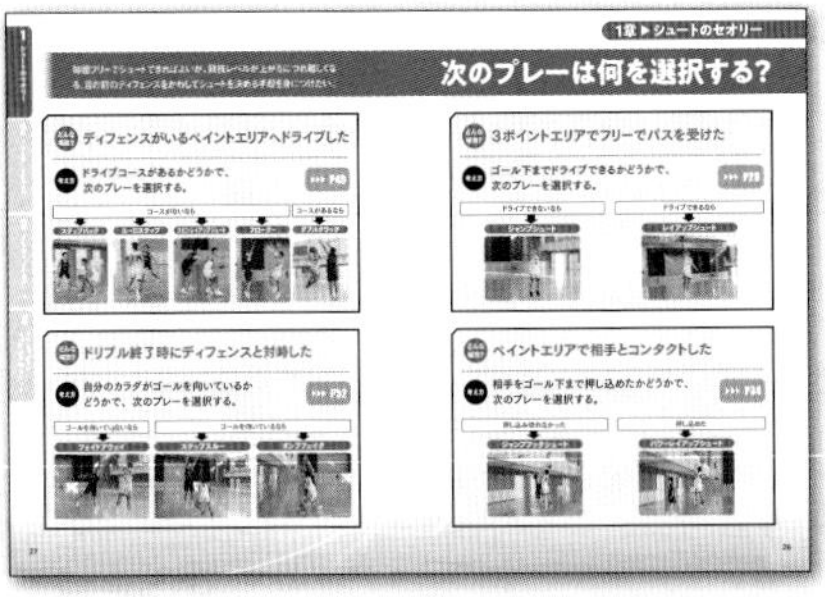

各章3～4に分かれるシチュエーション

各章で紹介しているセオリープレーは大きく3～4のシチュエーションに分けられる。このページではそのシチュエーションを一挙に掲載しているので、まずはここで大すじをつかもう。

複数あるプレーの中から最適なひとつを選択する

次に各シチュエーションで候補となるセオリープレーの選択肢を列挙したページがある。この中から自分の体勢やディフェンスの反応、コートの状況などによって選ぶベストなプレーが決まる。

セオリープレーの本質を理解

各セオリープレーを細かく解説している。右ページでは具体的なシーンを掲載し、左ページでは実際の動きを解説している。

特長 2 具体的なシーンを設けて、対峙するディフェンスの動きから最適のプレーを解説！

セオリープレーはココで確認。シュートまで行ける可能性が高いので自分のプレーの選択肢として持っておこう。

DVDチャプターはココで確認。すべてのプレーは動画でも見られる。

1-6
シュートへの仕掛け
▼
ペイントエリアへドライブ B

フローター

こんな場面

ディフェンスに対して正面からドライブしてコースがない

勢いよくドライブしたものの、ペイントエリア内のディフェンスに正面に立たれてしまい、コースがふさがれている。

山なりの軌道でブロックをかわす

自分のディフェンスを振り切りドライブしたが、ヘルプディフェンスにドライブコース上に立たれたようなときに有効なのがフローターだ。とくに相手が大きく、ドライブコースを変えてもブロックショットされそうなときのセオリープレーになる。

ポイントはドライブの勢いを2歩目のステップで受け止め真上に跳ぶこと。前に跳び相手に当たるとチャージングになる可能性もある。ボールの軌道は、リングに落とすイメージで山なりにする。

セオリー選択のポイント
ペイントエリアにいるディフェンスに対して正面から入り、コースがないときに有効。

44

1 シュートのセオリー

セオリープレー

ボールの軌道を上げてブロックをかわす

正面に立たれたときは、シュート軌道かドライブコースを変える必要がある。相手が長身なら、ブロックを確実に回避するため、シュート軌道を山なりにしたフローターがセオリー。

1 ドライブを仕掛けはじめた

2 ディフェンスの前で2歩目のステップ

3 真上に跳躍してボールをリリース

4 ボールの軌道を高く上げてシュートブロックをかわす

勝負の核心

斜めからのフローターはバックボードに当てる

正面からのフローターではバックボードを使うのが難しく、直接リングに落とすようなイメージで狙うが、斜めからの場合はボードに当てて入れることもできる。

45

プレーを成功させるための技術的ポイントやプレー前におこなう準備動作を解説。

具体的なシーンはココで確認。ディフェンスの動きに対して自分ならどう対応するか考えながら見てみよう。

セオリープレーを選択するときのポイントはココに掲載。

図の見方

○ 味方プレイヤー　● 相手プレイヤー　→ 人の動き　- - → ボールの動き　〰→ ドリブルの動き　—| スクリーンの動き

① ② ③ →アウトサイドプレイヤー　④ ⑤ →インサイドプレイヤー

※図に記載された数字は背番号ではなく、各場面でプレーに関与する機会が多いポジション番号を当てたものである。

DVDの特長

特長1 マルチアングルだから プレーが見やすい!

選手のプレーを参考に真似してみてもよいし、自分なりにアレンジを加えてもよいだろう。そのプレーが自分の武器といえるまで何度もくり返し練習しよう。

特長2 スロー再生で 一瞬の動きも見逃さない!

ボールマンの動きに対してディフェンスがどう反応したのか。これによってセオリープレーは選択されるので、その一瞬の動きをスロー再生でチェックしよう。またスロー再生時にはポイントをテロップで表示するので併せて確認しよう。

DVD contents

1章 ▸ シュートのセオリー

- 1-1 レイアップシュート
- 1-2 ジャンプシュート
- 1-3 パワーレイアップシュート
- 1-4 ジャンプフックシュート
- 1-5 ダブルクラッチ
- 1-6 フローター
- 1-7 スピンレイアップシュート
- 1-8 ユーロステップ
- 1-9 ステップバック
- 1-10 ポンプフェイク
- 1-11 ステップスルー
- 1-12 フェイドアウェイ

2章 ▸ アウトサイドのセオリー

- 2-1 Vカット
- 2-2 サークルカット
- 2-3 バックドアカット
- 2-4 トリプルスレットポジション
- 2-5 ジャブ＆ドライブ
- 2-6 ジャブ＆クロスオーバー
- 2-7 ジャブ＆プルバック
- 2-8 リバースターン＆ドライブ
- 2-9 ドロップ＆ドライブ
- 2-10 ドロップ＆プルバック

3章 ▸ インサイドのセオリー

- 3-1 ダックイン
- 3-2 ポストアップ
- 3-3 リバースターン
- 3-4 ポップアウト
- 3-5 ロブパスを要求
- 3-6 ドロップステップ
- 3-7 ドロップ＆プルバック
- 3-8 ドロップ＆ステップバック
- 3-9 ドロップ＆スイングスルー
- 3-10 フロントターン
- 3-11 アップ＆アンダー

4章 ▸ ディフェンスとリバウンドのセオリー

- 4-1 ボールマンへのディフェンス
- 4-2 ワンパスアウェイ時のディフェンス
- 4-3 ツーパスアウェイ時のディフェンス
- 4-4 インサイドのディフェンス
- 4-5 ドライブへのヘルプ
- 4-6 強力なインサイドへのヘルプ
- 4-7 ボックスアウト
- 4-8 キャッチング
- 4-9 アウトレットパス

DVDビデオの取り扱い上のご注意　使用する前にお読みください

●このディスクにはコピーガード信号が入っています。そのためコピーすることはできません。
●ディスクは指紋、汚れ、キズ等をつけないようにお取り扱いください。
●ディスクが汚れたときは柔らかい布を軽く水で湿らせ、内周から外周に向かって放射状に軽くふき取ってください。レコード用クリーナーや薬剤等は使用しないでください。
●ひび割れや変形、また補修されたディスクは危険ですから絶対に使用しないでください。
●使用後は必ずプレーヤーから取り出し、専用ケースに収めてください。直射日光の当たる場所や高温、多湿の場所をさけて保管してください。
●ディスクの上に重いものを置いたり落としたりすると、ひび割れしたりする原因になります。

*本DVDビデオや本書において乱丁・落丁、物理的欠陥があった場合は、不良個所を確認後お取り替えいたします。必ず本書とDVDディスクを合わせてご返送ください。
*本DVDビデオおよび本書に関するご質問は、葉書か封書にて成美堂出版株式会社までお送りください。なお掲載・収録内容を超える質問にはお答えできませんので、ご了承ください。

DVDビデオは、映像と音声を高密度に記録したディスクです。DVDビデオ対応のプレーヤーで再生してください。

DVD VIDEO　DOLBY DIGITAL　16:9 LB　ALL

CONTENTS

DVD付 バスケットボール 個人技とセオリープレー

2章 アウトサイドのセオリー 61

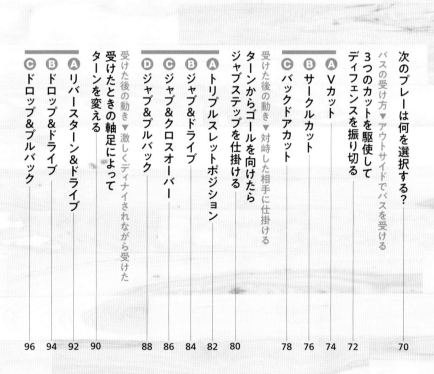

3章 インサイドのセオリー 99

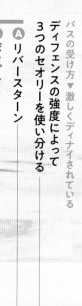

4章 ディフェンスとリバウンドのセオリー 139

コラム COLUMN

INTRODUCTION①

自分がするプレーをパスを受ける前から決めていないか？

味方からパスを受けるとき、手元にボールがくる前から次のプレーを決めている人もいるだろう。ときにそのプレーは、相手の意表をつき鮮やかなシュートへとつながることもあるが、逆の結果もある。得点を積み上げていくバスケットボールでは、確率のよいシュートをくり返すことが勝利への近道であり、このような一か八かのプレーは得策ではない。

相手の動きを把握、または予測し、それによってプレーを選択することが確率のよいシュートにつながる。どれだけくり返し練習をしたプレーでも、相手に妨害されたら意味がない。

バスケットボールには、常に相手がいる。このような競技をオープンスキルスポーツとよぶ。対戦相手は強い意志を持ち、さ

競技形態によって異なる求められるスキル

オープンスキルスポーツ

バスケットボール
サッカー
テニス など

対戦相手がプレーを妨げる直接的な要因

判断力や実行力が必要

対戦相手がプレーを妨げる直接的な要因になる競技では、技術は元より、目まぐるしく変わる状況で、最善のプレーを選択する判断力や実行力が求められる。

クローズドスキルスポーツ

水泳
陸上競技
ゴルフ など

対戦相手がプレーを妨げる直接的な要因ではない

プレーの再現力が必要

対戦相手がプレーを妨げる直接的な要因にはならない競技では、プレッシャーに押し潰されずに自分のプレーを常に高い次元で出し切る再現力が求められる。

バスケットボールでは
起こりうる状況を**把握**、または**予測**して
最善のプレーを選択する。

まざまな状況でプレーを妨害する。つまり対戦相手の存在が直接自分のプレーに影響を与える。

対して、水泳や陸上のような競技は、対戦相手が横にいるものの、直接プレーを妨害してくるようなことはない。このような競技をクローズドスキルスポーツとよぶ。

オープンスキルスポーツでは、ボールの位置や対戦相手の行動によって目の前の状況は刻一刻と変化する。その中で常に最善のプレー選択をするには、「自分がやりたいか」ではなく、「相手が嫌がるか」をプレーの判断基準にしたい。局面によっては、得意なプレーを高い精度でくり返す再現力も必要になるが、それ以上に相手の動きを見極め、それによってプレーを選択する判断力と実行力が求められる。

INTRODUCTION②

バスケットボールのすべてのシーンにはセオリープレーがある

リバウンドからのアウトレットパス、そこからのドリブルのコース取り。またはパスを受けるためのカットやドライブ、複数人で連携するスクリーンプレーやカットプレー。コート上でおこなわれるすべてのプレーにはセオリーがある。

本書では、その中から個人技に焦点を当て、相手に仕掛けるシーンを中心に紹介している。

セオリープレーとは、そのシーンにおける最も確実性の高いプレーであり、先人たちによって積み上げられてきたものである。このセオリープレーを知るメリットは計り知れない。相手がどう動こうと、その動きに対するセオリープレーがあるので、試合の中でプレー選択に迷わない。迷いがなくなれば局面をより冷静に見ることができる。い

あらゆるシーンにはセオリープレーがある

セオリープレーを知っている	セオリープレーを知らない
↓	↓
プレーに迷わない	行き当たりばったりにプレー
↓	↓
冷静でいられる	焦りがつのる
↓	↓
競技レベルが上がれば セオリープレーの裏をかける	競技レベルが上がるほど プレーに迷いが生まれる
↓	↓

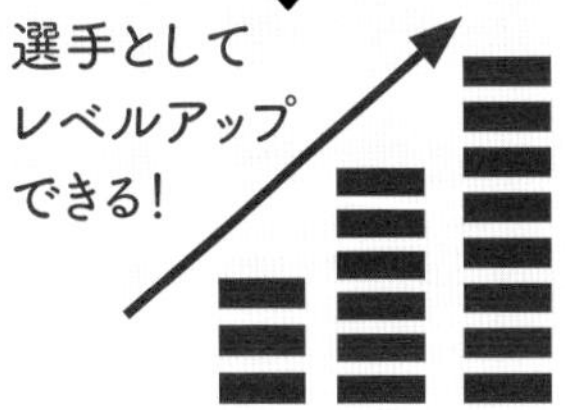

セオリープレーとは先人たちが築き上げた、そのシーンで最も確実性の高いプレー。
これを知っていれば試合を優位に進めることができる。

セオリープレーが**冷静な判断力**を与え
選手としての**成長を促す。**

わば「後出しジャンケン」で勝つようなものだ。

しかし競技レベルが上がれば、相手もそれを読んでくる。すると、次は裏をかくという選択が可能になる。セオリープレーを知っているからこそ、その裏をかくことができる。ひとつのシーンに対して、プレーの選択肢はひとつではない。ひとつのシーンには、ひとつのセオリープレーと複数のその他のプレーが存在する。高いレベルになれば、お互いにそれら選択肢をすべて知ったうえで、駆け引きがはじまる。セオリープレーを知っていなければ、その駆け引きの土俵にも立つことができない。バスケットボール選手としてレベルアップするには、セオリープレーの獲得が、避けて通ることのできないものなのだ。

本書で紹介している
セオリープレーチャート

1章 ▶ シュートのセオリー

- **ドリブル後にディフェンスと対峙**
  - ゴールを向いているか？
    - 向いてない → フェイドアウェイ
    - 向いている → ステップスルー／ポンプフェイク
- **ディフェンスがいるペイントエリアへドライブ**
  - ドライブコースはある？
    - ない → ステップバック／ユーロステップ／スピンレイアップシュート／フローター
    - ある → ダブルクラッチ
- **ペイントエリアで相手とコンタクト**
  - ゴール下まで押し込める？
    - 押し込めない → ジャンプフックシュート
    - 押し込める → パワーレイアップシュート
- **フリーでパスを受けた**
  - ゴール下までドライブできる？
    - できない → ジャンプシュート
    - できる → レイアップシュート

2章 ▶ アウトサイドのセオリー

- **激しくディナイされながらパスを受けた**
  - 自分の軸足はどっち？
    - 外側＋相手が後退 → ドロップ&プルバック
    - 外側 → ドロップ&ドライブ
    - 内側 → リバースターン&ドライブ
- **ゴールを向いてパスを受けた**
  - まず何をする？
    - トリプルスレットポジションからジャブステップ
      - 相手の反応は？
        - 後退した → ジャブ&プルバック
        - 横に動いた → ジャブ&クロスオーバー
        - 薄い → ジャブ&ドライブ
- **アウトサイドでパスを受けたい**
  - ディフェンスの強度やフロアの状況は？
    - タイトorインサイドにスペースあり → バックドアカット
    - フェイスtoフェイス → サークルカット
    - 通常のディナイ → Vカット

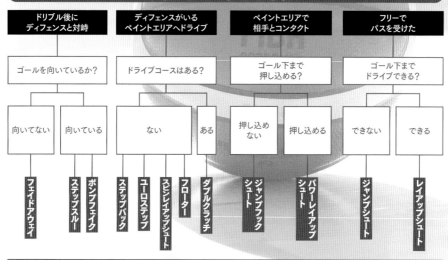

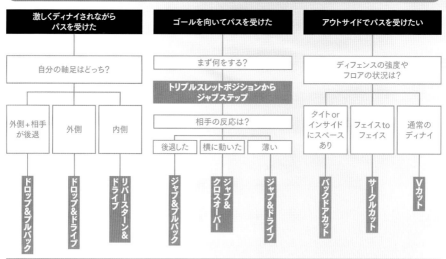

ここでは本書で紹介しているすべてのセオリープレーをチャートで示した。シーンによって枝分かれするこれらプレーを、まずは体系的に把握してほしい。最初に全体像をつかむことで、一つひとつのプレーの理解を早め、さらには実際にプレーするときにも慌てずに最適な選択を導き出せるようになるだろう。

3章▶インサイドのセオリー

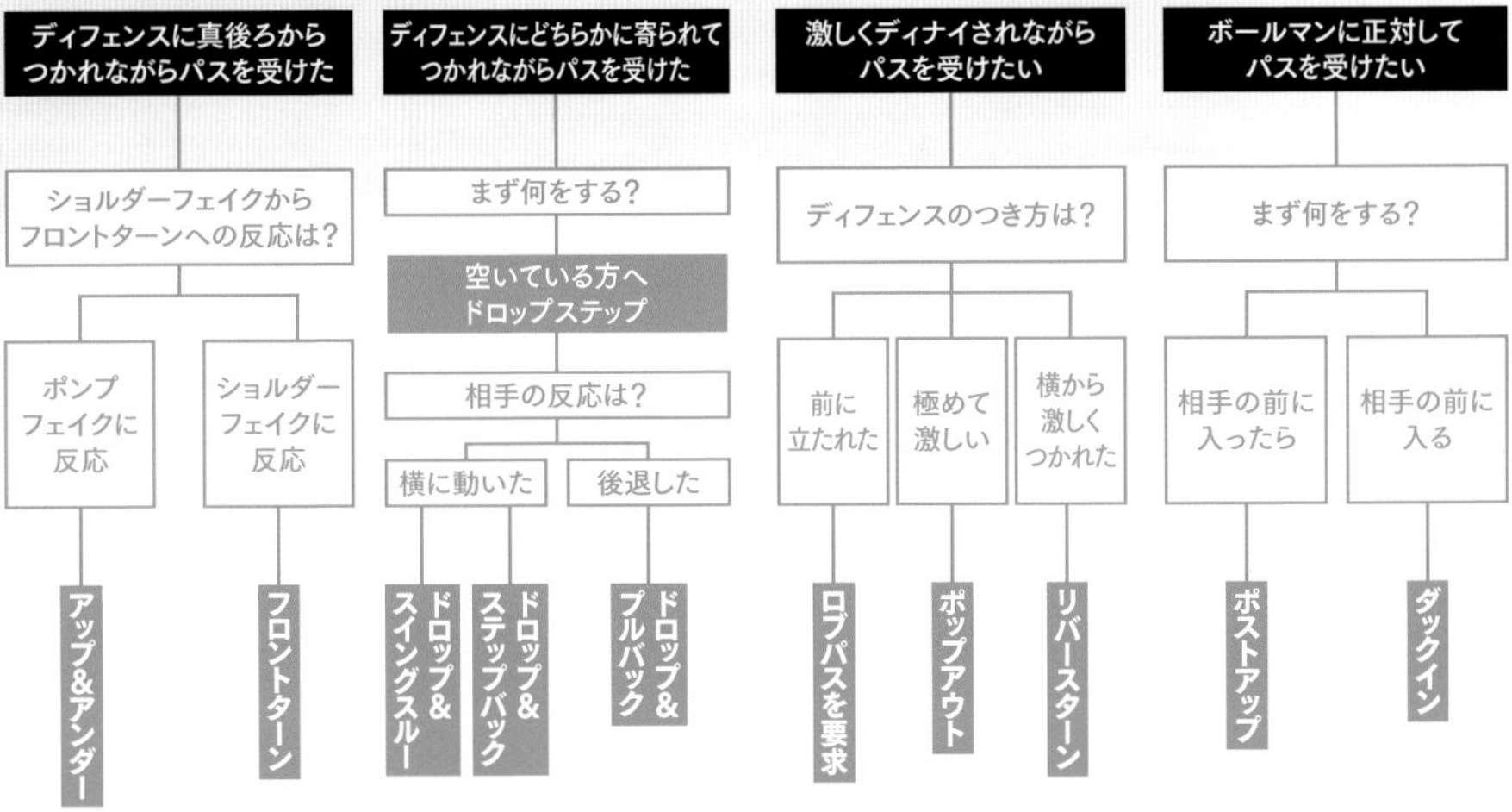

4章▶ディフェンスとリバウンドのセオリー

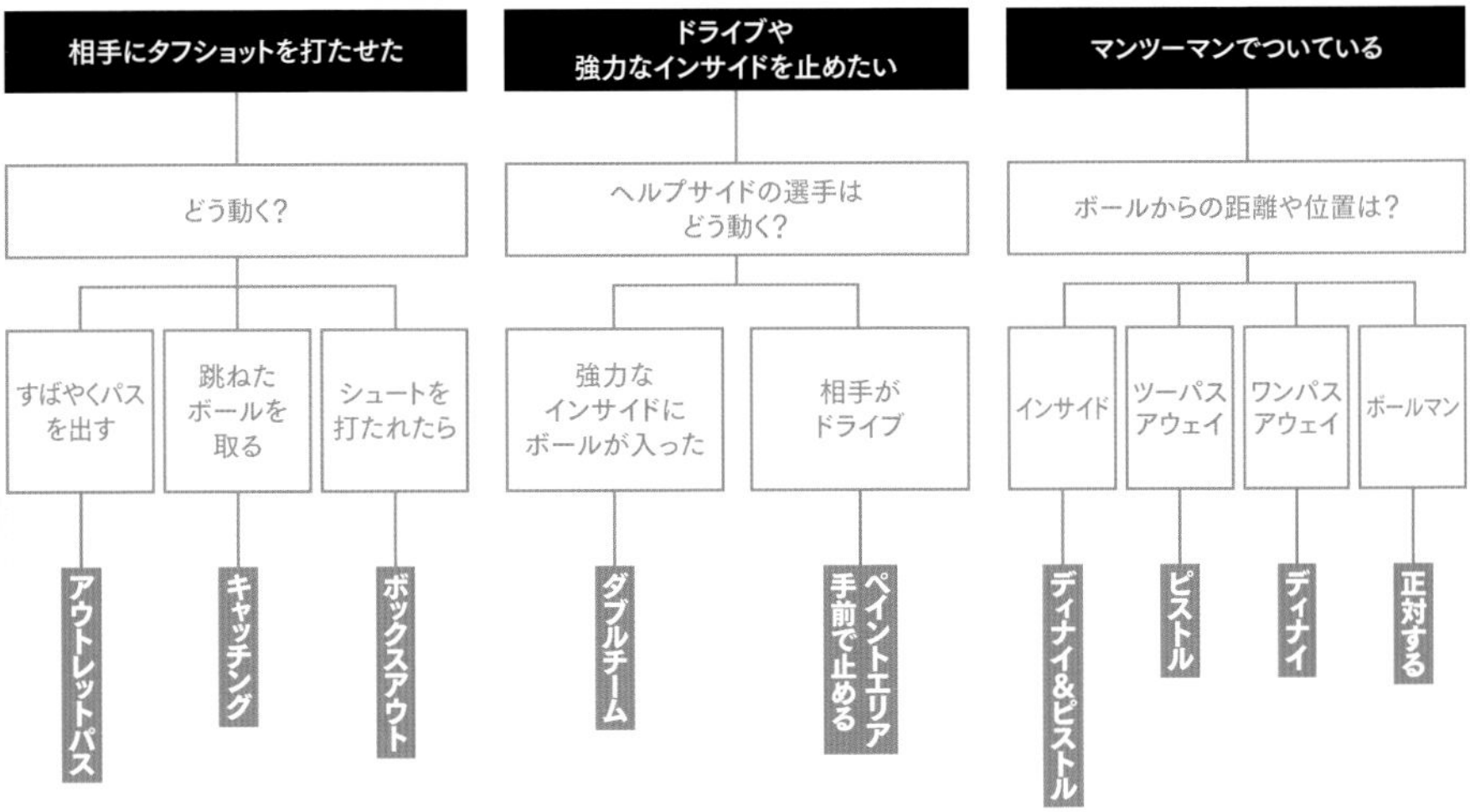

覚えておきたいバスケットボール用語集

ア行

アウトレットパス
ディフェンスリバウドを取った後に出す最初のパス。速攻から得点を決めるうえでとても大切になる。

インサイドアウト
アウトサイドとインサイドでパスをくり返し、ディフェンスを外に広げたり、中に収縮させたりするプレー。マークにズレを生み出す。

ウイング
フリースローラインの延長線上のアウトサイドのエリア。ゴールから45度の位置（P18図参照）。

エルボー
フリースローラインの両端の角（P18図参照）。

オフボール
オフェンス時にボールを保持していない状態。

オペレーショナルゾーン
シュートを狙えるエリアやドライブによって1対1を仕掛けられるエリア。それぞれの選手がここでパスを受けることで攻撃が機能する。

カ行

カット（カッティング）
パスを受けるための動き。ディフェンスの間を割って入るようなカットや、ゴールに向かうカットなどさまざまある。

キックアウト
ドライブした選手がアウトサイドの選手にパスを出すこと。ドライブすることでディフェンスは中に収縮するため外の選手がフリーになりやすい。

クローズアウト
ヘルプサイドにいる選手にパスが通り、ピストルをしていた選手が一気に距離を詰めること。

コーナー
サイドラインとベースラインでつくる一角のエリア（P18図参照）。ゴールから0度の位置。

ゴールライン
ボールとゴールを結んだ仮想のライン（P18図参照）。

サ行

サイドレーン
コートの両端のレーン（P18図参照）。アウトレットパスはこのレーンでもらうのがセオリー。

ジャブステップ
ドリブル前に止まった状態でボールを保持しているときに、対峙したディフェンスの反応をうかがうために踏む小さなステップ。

シュートセレクション
シュートに関わる選択。誰が、いつ、どこで、どの種類のシュートを打つか。

ショットブロック
シュートをブロックすること。

ショートコーナー
ペイントエリアとベースラインでつくるゴール脇の一角（P18図参照）。

スキップパス
味方をひとり飛ばしたような長距離のパス。またはボールサイドからヘルプサイドへ渡るようなパス。

ステップバック
対峙するディフェンスから離れるように後ろにステップすること。

セーフティ
相手の速攻を止めるために、味方がシュートを打ったら自陣へいち早く戻っておくこと。

タ行

ターンオーバー
スティールやオフェンスチームのミスによって攻撃権が移ること。

ダックイン
ゴール付近でマーク相手をカラダで押さえ込みポジションを確保すること。

タップアウト
リバウンドを確実に取れないようなとき、ボールを弾くこと。ディフェンス時はショートコーナーへ弾くのがセオリー。

タフショット
ディフェンスがうまく機能し、無理な体勢や確率の低い場所でシュートを打たされること。

ダブルチーム
ひとりのオフェンスにふたりでつくこと。

ツーパスアウェイ
ボールマンからほかの味方を越さなければパスを出せないような長い距離。一般的には10m前後。

ディナイ
ワンパスアウェイ時におこなうパスを簡単に出させないための守り方。

ディレクション
ボールマンを意図した方向へ追い込むこと。

トップ
ゴール正面のアウトサイドのエリア。ゴールから90度の位置（Ｐ18図参照）。

ドライブコース
ドライブする経路。その経路からベースラインドライブとミドルラインドライブに区分けすることもある。

トリプルスレットポジション
シュート、ドリブル、パスのどの動作にもすばやく移行できる姿勢。ゴールにカラダを向けてボールを保持したときに取る。

ドロップステップ
軸足とは逆の足を背中側に引いて踏み出すこと。

ハ行

ハイポスト
ペイントエリアのフリースローライン付近のエリア（Ｐ18図参照）。

パッシングゲーム
ドリブルよりもパスを主体としたオフェンス。

バンプ
オフェンスの選手の進路に入りカラダを張って正当に妨害すること。

ピストル
ツーパスアウェイ時におこなう守り方。自分のマークマンを見ながら、ドライブへのヘルプにも対応するためミドルラインに寄ってポジショニングする。

フラッシュ
パスを受けるためにボールマンがいる方へ飛び出すような動き。

プルバック
前に進むと思わせて足を引くこと。ディフェンスが警戒して後退すればシュートの間合いをつくることができる。

ペイントエリア
ゴール下周辺の制限区域。オフェンス選手は３秒以上とどまることができない。

ベースライン
コートの横のライン（Ｐ18図参照）。

ペリメーター
ペイントエリアの外で３Ｐラインより内側のエリア（Ｐ18図参照）。

ヘルプ（ディフェンス）
ボールマンのディフェンスが抜かれたときなどに別のディフェンスが止めにくること。

ヘルプサイド
コートを縦に2等分したとき、ボールがない方のサイド。

ボールサイド
コートを縦に2等分したとき、ボールがある方のサイド。

ボールライン
ボールがある位置と両サイドラインを結んだ仮想ライン（Ｐ18図参照）。ディフェンスはこのラインの高さに合わせてポジションを調整する。

ポストアップ
ペイントエリア付近で、ディフェンスを押さえながらアウトサイドにいるボールマンにカラダを正対させて立つこと。

ボックスアウト
リバウンドを取るために、マークマンを自分よりゴール方向へ入れないようにカラダを張って押さえること。

ポップアウト
今いる場所から1、2歩外側へ飛び出すように動くこと。

マ行

ミドルライン
ふたつのゴールを結んだ仮想ライン（Ｐ18図参照）。

ミドルレーン
コート中央のレーン。得点に直結するため攻守において大切なレーン（Ｐ18図参照）。

ラ行

ローポスト
ペイントエリアのゴール付近のエリア（Ｐ18図参照）。

ロブパス
ディフェンスの頭を越すような山なりのパス。

ワ行

ワンパスアウェイ
ボールマンからほかの味方を越えることなくパスを出せる短い距離。一般的には5m前後。

覚えておきたいバスケットコート関連用語

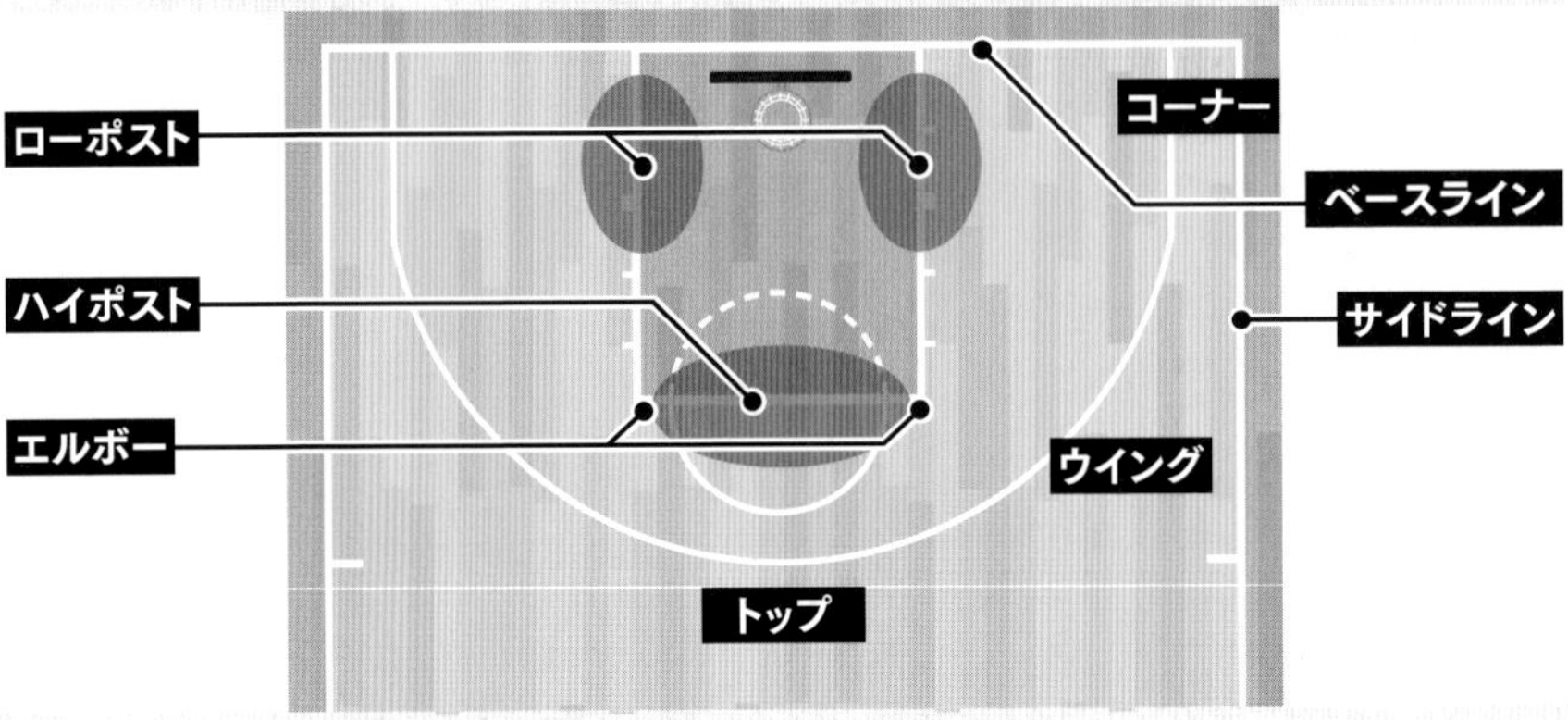

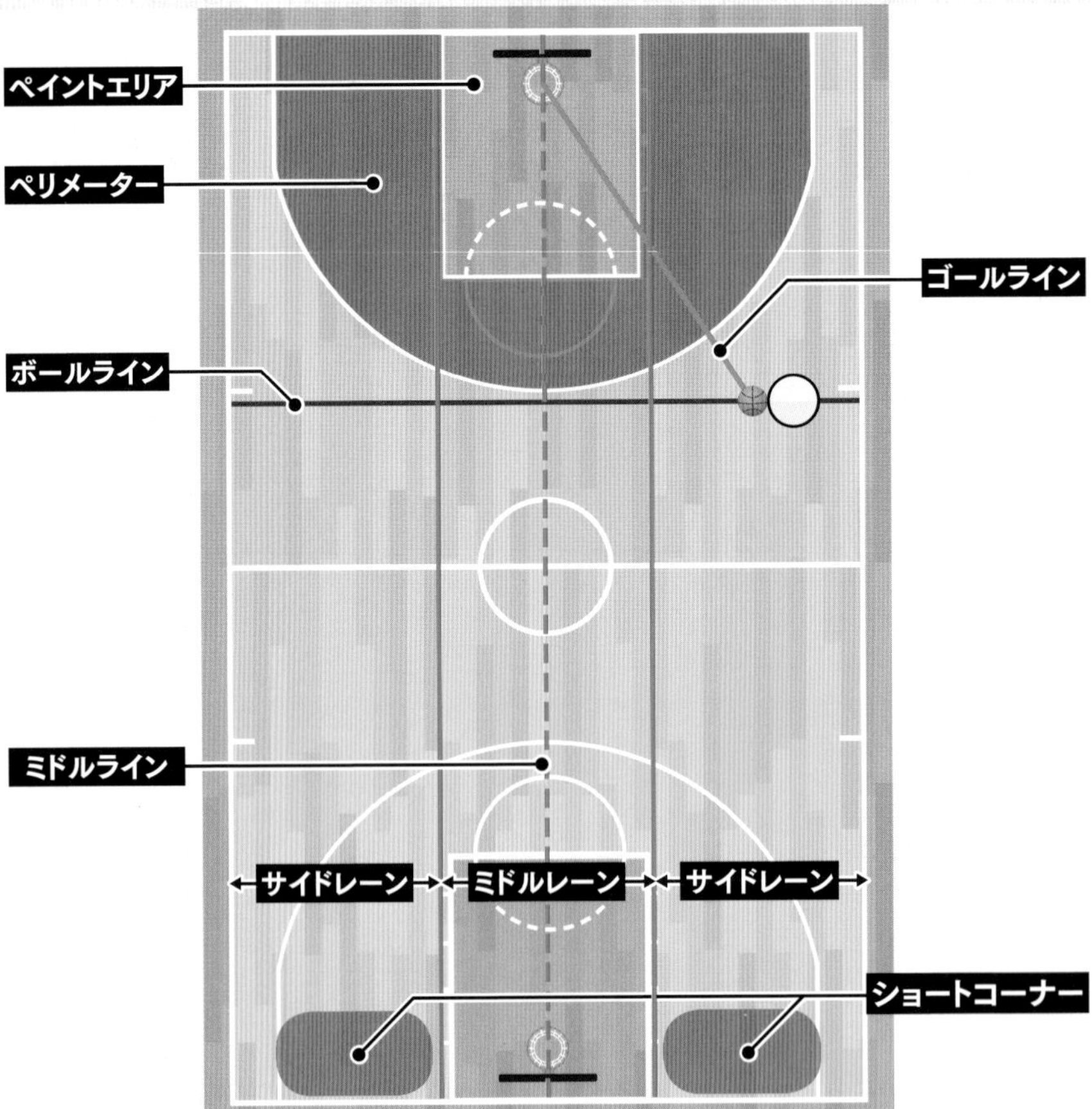